BEI GRIN MACHT SICH IHR WISSEN BEZAHLT

Bibliografische Information der Deutschen Nationalbibliothek:

Die Deutsche Bibliothek verzeichnet diese Publikation in der Deutschen National-
bibliografie; detaillierte bibliografische Daten sind im Internet über http://dnb.d-
nb.de/ abrufbar.

Impressum:

Copyright © 2019 GRIN Verlag
Druck und Bindung: Books on Demand GmbH, Norderstedt Germany
ISBN: 9783346095374

Dieses Buch bei GRIN:

https://www.grin.com/document/511938

Yvonne Allinger

Digital Business. Neue Technologien für Consultingunternehmen

GRIN Verlag

GRIN - Your knowledge has value

Der GRIN Verlag publiziert seit 1998 wissenschaftliche Arbeiten von Studenten, Hochschullehrern und anderen Akademikern als eBook und gedrucktes Buch. Die Verlagswebsite www.grin.com ist die ideale Plattform zur Veröffentlichung von Hausarbeiten, Abschlussarbeiten, wissenschaftlichen Aufsätzen, Dissertationen und Fachbüchern.

Besuchen Sie uns im Internet:

http://www.grin.com/

http://www.facebook.com/grincom

http://www.twitter.com/grin_com

HAUSARBEIT

Neue Technologien

Yvonne Allinger

30.5.2019

Einleitung

In dieser Einsendeaufgabe wird die Erneuerung der Software für das Consultingunternehmen Muster GmbH behandelt. Das Unternehmen arbeitet derzeit mit einer veralteten Softwarelösung. Die Unternehmensführung zieht den Ankauf einer neuen Software in Betracht. In der Arbeit wird auf die gewünschten Anforderungen wie die Datensicherheit und die Möglichkeit unternehmensinterne Prozesse abzubilden, eingegangen. Auch der interne und externe Zugriff auf die Lösung via PC, Laptop und Mobile Device und eine erprobte Software sind Themen, die in dieser Hausarbeit berücksichtigt werden. Konkret wird zuerst darauf eingegangen, warum eine Standardsoftware für das Consultingunternehmen besser geeignet ist, als eine Individualsoftware. Beide Begriffe werden im nächsten Absatz erklärt. Anschließend wird die Entscheidung der passenden Cloudarchitektur beschrieben. Danach wird ein Szenario für der Einsatz von Webservices für die Muster GmbH skizziert. Der Projektablauf für einen agilen Ansatz wird ebenfalls erläutert. Konkret wird die agile Methode namens Scrum beschrieben. Als vorletzten Punkt wird die Herangehensweise für eine Oberflächenkonzeption erklärt. Zum Schluss werden die theoretischen Grundlagen für die Entwicklung einer App für den Zugriff der Datenbank, für unterschiedliche Handybetriebssysteme untersucht.

Individualsoftware oder Standardsoftware

Die Digitalisierung gewinnt in der Darstellung von Geschäftsprozessen, zum Beispiel durch Systeme und Applikationen, für Unternehmen immer mehr an Bedeutung. Doch wofür soll sich ein Unternehmen entscheiden – für eine Standard- oder eine Individualsoftware?[1] Für das Consultingunternehmen Muster GmbH stellt sich ganz aktuell die Frage, womit ihre veraltete Software getauscht werden soll. Um auf eine Entscheidung für dieses Unternehmen zu kommen, werden zuerst diverse Begriffe erklärt.

---

[1] Quelle: https://www.mocoapp.com/blog/332-standardsoftware-oder-individualsoftware (abgefragt am 30.5.2019 10:33)

Unter dem Begriff Software werden, ganz einfach beschrieben, Teile eines Computersystems verstanden, die eine Person nicht anfassen kann. Diese Teile werden zum Beispiel auch Programme genannt, mit denen am Computer gearbeitet werden kann.[2] Die sogenannte Standardsoftware wird als eine Software bezeichnet, die für einen Anwendungsbereich als bereits bestehendes Produkt angeschafft werden kann.[3] Die Standardsoftware wird für eine große Anzahl an Anwendern produziert und kann auf verschiedenen Betriebssystemen zum Einsatz kommen. Unter Betriebssystem versteht man auch Systemplattformen.[4] Klassische Beispiele für eine Standardsoftware sind Office-Pakete. Enterprise Resource Planning Systeme (ERP) werden auch mehr und mehr als Standardsoftware gehandelt. Ein bekanntes Beispiel für ein ERP System ist SAP. Dieses System wird in eingeschränkter Form als standardisiertes Modul mehreren Anwendern zur Verfügung gestellt.[5] Unter dem Fachausdruck Individualsoftware ist eine Software gemeint, die sehr speziell für ein Unternehmen bzw. einen Betrieb entwickelt wird. Sie kann entweder durch Eigenerstellung oder durch den Auftrag an einen externen Softwarehersteller produziert werden.[6]

Das Consultingunternehmen Muster GmbH sucht nach einer neuen und geeigneten Softwarelösung. Die Consulting Branche befindet sich im Wandel. Die Digitalisierung gewinnt immer mehr an Bedeutung. Zum einen sind Consultingunternehmen, wie die Muster GmbH, verantwortlich, andere Unternehmen hinsichtlich neuer Strategien im Bereich der Digitalisierung zu beraten. Zum anderen sind die Beratungsfirmen selbst Betroffene und müssen sich im eigenen Unternehmen der Wichtigkeit der digitalen Transformation bewusst werden.[7] Die Muster GmbH hat diese Wichtigkeit erkannt und sich die Erneuerung ihrer Software als Ziel gesetzt.

---

[2] Quelle: https://de.thefreedictionary.com/Software (abgefragt am 30.5.2019 10:11)
[3] Quelle: https://www.juraforum.de/lexikon/standardsoftware (abgefragt am 30.5.2019 10:20)
[4] Quelle: http://www.wirtschaftslexikon24.com/d/standardsoftware/standardsoftware.htm (abgefragt am 30.5.2019 10:23)
[5] Quelle: https://www.softguide.de/software-tipps/unterstuetzte-standardsoftware-anwendungssoftware (abgefragt am 30.5.2019 10:51)
[6] Quelle: https://wirtschaftslexikon.gabler.de/definition/individualsoftware-35886 (abgefragt am 30.5.2019 10:38)
[7] Quelle: https://blog.hilker-consulting.de/wie-die-digitalisierung-das-consulting-verändert (abgefragt am 30.5.2019 13:32)

Der Firma ist es wichtig, dass bei der Einführung einer neuen Softwarelösung die Themen der Datensicherheit und der Möglichkeit unternehmensinterne Prozesse abzubilden, berücksichtigt werden. Außerdem sollen interne und externe Zugriffe auf die Lösung via PC, Laptop und Mobile Device möglich sein. Eine erprobte Software bzw. auch Standardsoftware genannt, soll hier als neue Lösung für das Unternehmen eingeführt werden. Welche Vorteile bringt eine Standardsoftware für die Muster GmbH? Wie bereits erwähnt ist die Consulting Branche zweifach von der Digitalisierung betroffen. Einerseits bieten sich lukrative Aufträge, da sehr viele Branchen eine Beratung und Unterstützung bei der Implementierung der Digitalisierung benötigen und zum anderen sind die Mitarbeiter in der Consulting Branche selbst angehalten, sich digital laufend anzupassen und weiterzubilden.[8] Die Einführung einer Standardsoftware im Vergleich zu einer Individualsoftware bietet der Muster GmbH den Vorteil, dass es bereits erprobte und bestehende Software im Unternehmen verwenden kann. Es müssen keine neuen Lösungen programmiert werden, sondern das Unternehmen kann bestehende Anwendungen nutzen. Dadurch kann Zeit gewonnen werden, da es keine Eigenentwicklung einer Software benötigt.[9] Der Einsatz von Standardsoftware bietet der Muster GmbH außerdem eine hohe Funktionalität und eine permanente Weiterentwicklung der Programme an Marktstandards.[10] Die laufende Weiterentwicklung der Standardsoftware gewährt dem Consulting Unternehmen auch eine rasche Anpassung bei gesetzlichen Änderungen.[11] Das kann besonders für den Datenschutz und hinsichtlich der Datenschutzgrundverordnung ein weiterer Vorteil für die Muster GmbH sein.[12] Der Wettbewerb unterschiedlicher Hersteller von Standardsoftware führt dazu, dass die erprobten Programme ständig verbessert werden. Das kann ebenso als Nutzen für die Muster GmbH gesehen werden. Außerdem fallen für die Einführung der Standardsoftware geringe Anschaffungskosten an.[13] Trotz vieler Vorteile der Standardsoftware ist es auch wichtig, dass sich das Consultingunternehmen über mögliche Nachteile informiert.

---

[8] Quelle: https://www.scopevisio.com/blog/erp/software-fuer-unternehmensberater/#gref (abgefragt am 30.5.2019 13:47)
[9] Vgl. Gadatsch, 2010, S. 323.
[10] Vgl. Gadatsch, 2010, S. 327
[11] Quelle: https://www.it-zoom.de/it-mittelstand/e/standard-oder-individualsoftware-beim-erp-system-15364/ (abgefragt am 30.5.2019 14:04)
[12] Quelle: https://www.dsb.gv.at/gesetze-in-osterreich (abgefragt am 30.5.2019 14:14)
[13] Vgl. Gadatsch, 2010, S. 327

Im Vergleich zur Individualsoftware benötigt es beim Einsatz von Standardsoftware einen höheren Aufwand an Schulungen für Mitarbeiter. Außerdem kann bei der Standardsoftware nicht so einfach auf spezielle Änderungswünsche eingegangen werden. Meist sind diese Anpassungen mit hohen Kosten verbunden. Bei der Anschaffung von Standardsoftware kann es für die Muster GmbH auch von Nachteil sein, dass sie Teile von Programmen ankauft, die das Unternehmen bzw. die Mitarbeiter nicht benutzen können.[14] Die nächste Abbildung zeigt die Vor- und Nachteile der Standardsoftware auf einen Blick (Vgl dazu Abbildung 1):

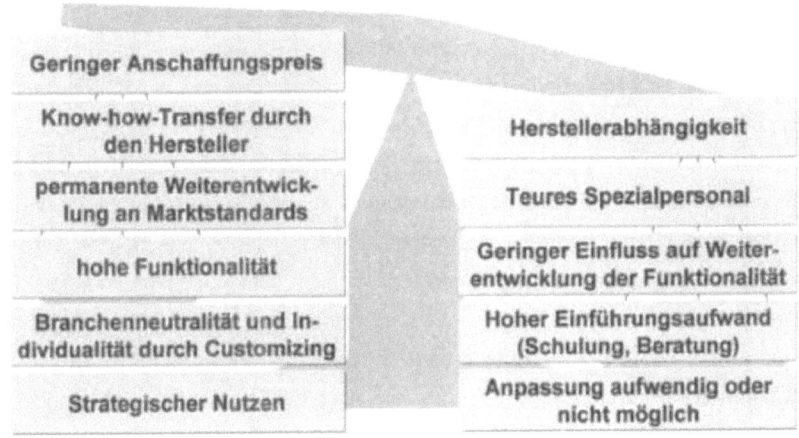

Abbildung 1: Pro und Contra Standardsoftware[15]

Zusammenfassend kann gesagt werden, dass für die Einführung einer neuen Softwarelösung für die Muster GmbH die Vorteile der Standardsoftware überwiegen. Eine klassische Eigenentwicklung von Individualsoftware ist oftmals nur noch in bestimmten Branchen notwendig wie zum Beispiel bei Banken oder Versicherungen.[16] Außerdem werden immer mehr Lösungen von Standardsoftware mit der Möglichkeit einer individuellen Anpassung angeboten. Ein Beispiel für eine Standardlösung mit Individualisierung einer Software für Consulting Unternehmen, zeigt die Firma Vertec auf ihrer Website.[17]

---

[14] Vgl. Abts, Mülder, 2009, S. 60.
[15] Quelle: Gadatsch, 2010, S. 327
[16] Vgl. Gadatsch, 2010, S. 323
[17] Quelle: https://www.vertec.com/at/branchen/consulting-software/ (abgefragt am 30.5.2019 14:52)

Unterschiede in der Cloudarchitektur

Bevor konkret auf die Entscheidung eingegangen wird, welche Cloudarchitektur für die Muster GmbH zum Einsatz kommen soll, werden die unterschiedlichen Architekturen näher erläutert. Vorab wird der Begriff Cloud Computing kurz erklärt: Unter Cloud Computing versteht man eine einfache Möglichkeit des Zugriffs auf einen Server, einen Speicher oder auf Datenbanken und ein weitreichendes Angebot an Anwendungsservices über das Internet. Es gibt unterschiedliche Arten von Cloud Computing, die auch als Cloud-Architekturen verstanden werden. Abgekürzt heißen sie Iaas, Paas und Saas und werden anschließend genauer erklärt.[18] Zuerst werden noch unterschiedlichen Arten von Cloud-Modellen vorgestellt: Über die **Public Cloud** hat jeder Zugriff auf diverse Anwendungen. Zumeist hat der Nutzer hier keinen Einfluss auf den Schutz seiner Daten. Die **Private Cloud** wiederum macht den Zugriff nur für eine bestimmte Personengruppe oder ein bestimmtes Unternehmen möglich. Oft sind Programme oder Daten dabei auf dem Server eines Unternehmens verlagert. Ein weiteres Modell nennt sich **Hybrid Cloud.** Es ist eine Mischform der Public und Private Cloud. Dabei können Unternehmen sensible Daten auf einem eigenen Server zur Verfügung stellen und allgemeine Programme durch das Internet öffentlich zugänglich machen.[19]

Cloud Computing beschreibt das Nutzen und auch das Anbieten von IT-Dienstleistungen über ein Netzwerk. Dem Nutzer stehen verschiedene IT Services zur Verfügung. Diese Services muss er nicht kaufen, sondern kann die Leistungen mieten.[20] Welche Cloudarchitekturen gibt es nun und welche ist für die Muster GmbH am besten geeignet? Die drei oben erwähnten Cloud Architekturen nennen sich Infrastructure as a service (Iaas), Plattform as a service (Paas) und Software as a

---

[18] Quelle: https://www.datenschutzbeauftragter-info.de/die-cloud-saas-paas-und-iaas-einfach-erklaert/ (abgefragt am 30.5.2019 15:32)

[19] Quelle: https://blog.unbelievable-machine.com/cloud-computing-unterschiede-public-private-hybrid (abgefragt am 30.5.2019 15:43)

[20] Quelle: https://www.gruenderszene.de/lexikon/begriffe/cloud-computing?interstitial (abgefragt am 30.5.2019 16:00)

service (Saas). Die Abbildung 2 unterstreicht die späteren Erklärungen der Cloudarchitekturen grafisch (Vgl. dazu Abbildung 2).[21]

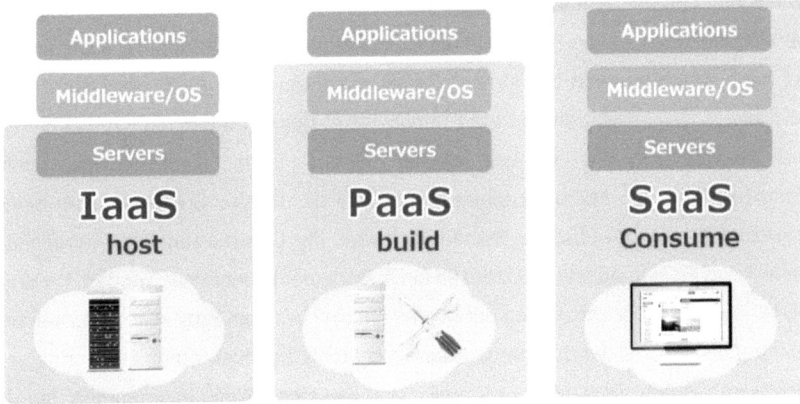

Abbildung 2: Grafische Darstellung der Cloud Architekturen.[22]

Unter **Infrastructure as a service** (Iaas) versteht man das Modell, bei dem keine vollkommene Lösung (Hardware und Software) dem Unternehmen angeboten wird. Das heißt, dass für die Muster GmbH, bei der Wahl der Iaas Architektur, nur die Hardware zur Verfügung gestellt wird. Als Cloudanwender bekommt das Consulting Unternehmen Zugriff auf virtualisierte Komponenten zur Datenverarbeitung oder zur Datenspeicherung. Die Muster GmbH kann mittels Iaas beliebige Anwendungsprogramme einsetzen.[23] Die nächste Cloudarchitektur, die für das Consulting Unternehmen in Frage kommt, nennt sich **Plattform as a service** (Paas). Paas baut auf die erste Architektur Iaas auf und bietet der Muster GmbH neben der Infrastruktur weitere Möglichkeiten in Form von Features zur Entwicklung von Software.[24] Zum Schluss aufbauend auf die beiden anderen Cloudarchitekturen bietet sich für das Consulting Unternehmen die Architektur **Software as a service** (Saas) an. Hier werden sowohl die IT Infrastruktur als auch die Software von einem externen

---

[21] Quelle: https://medium.com/@Albihany/true-cloud-story-about-iaas-paas-saas-47cfea883271 (abgefragt am 30.5.2019 16:45)
[22] Quelle: https://medium.com/@Albihany/true-cloud-story-about-iaas-paas-saas-47cfea883271 (abgefragt am 30.5.2019 16:46)
[23] Quelle: https://www.datenschutzbeauftragter-info.de/die-cloud-saas-paas-und-iaas-einfach-erklaert/ (abgefragt am 30.5.2019 16:08)
[24] Quelle: https://www.gruenderszene.de/lexikon/begriffe/platform-as-a-service-saas?interstitial (abgefragt am 30.5.2019 16:12)

Dienstleister zur Verfügung gestellt.[25] Die Muster GmbH kann diese Services mieten. Weitere Vorteile für das Consulting Unternehmen bestehen darin, dass der Anbieter für die Wartung und Aktualisierung der Software verantwortlich ist. Außerdem besteht die Möglichkeit, dass die Firma, die die Cloudarchitektur zur Verfügung stellt, flexibel auf neue Anforderungen der Muster GmbH reagieren kann. Auch der Datenschutz bzw. die IT Sicherheit gehören zum Servicepaket des Anbieters. Durch das Nutzen von Standardsoftware in der Muster GmbH fallen möglicherweise hohe Lizenzgebühren an. Microsoft bietet Firmen wie der Muster GmbH an, statt einem Lizenzpaket, die gewünschte Standardsoftware als Dienstleistung zu verrechnen. Dabei kann für eine Anzahl an Lizenzen ein Abonnement genommen werden. Welchen Vorteil bringt diese Verrechnung der Muster GmbH? Wird ein Projekt im Unternehmen beendet und ein Teil der Standardsoftware nicht mehr benötigt, kann das Abonnement gekündigt werden. Das hat den Vorteil, dass das Consulting Unternehmen, bei der Inanspruchnahme von Dienstleistungen, flexibler im Umgang mit den Kosten ist. Gesamthaft sehe ich die Saas Architektur als besonders geeignet für die Muster GmbH.

Der Einsatz von Webservices

Mittels Webservices können Daten und Funktionen aus Anwendungen zur Verfügung gestellt werden oder von anderen Anbietern abgerufen werden. Es handelt sich dabei um eine Maschine-zu-Maschine Kommunikation.[26] Oft handelt es sich dabei um die Kommunikation zwischen Client und Server. Es kann vorkommen, dass die beiden nicht in derselben Programmiersprache geschrieben sind. Hier braucht es ein Medium, das Client und Server verbindet.[27] Dieses Medium nennt sich Service-orientierte Architektur (SOA) und kann für die Implementierung von Services genutzt werden.[28] Wenn ein Webservice einmal in ein Programm implementiert worden ist, dann erfolgt die weitere Kommunikation grundsätzlich automatisch. Der Endnutzer bemerkt nicht, dass zwischen der Kommunikation ein Webservice geschalten ist. Durch Webservices können Informationen webfähig gemacht werden. Außerdem ist es möglich, Webservices auf verschiedenen Geräten zu implementieren. Mit dieser Eigenschaft

---

[25] Quelle: https://www.datenschutzbeauftragter-info.de/die-cloud-saas-paas-und-iaas-einfach-erklaert/(abgefragt am 30.5.2019 16:22)
[26] Vgl. Finger, Zeppenfeld, 2009, S. 38
[27] Quelle: https://www.yuhiro.de/was-sind-webservices/ (abgefragt am 30.5.2019 18:06)
[28] Vgl. Finger, Zeppenfeld, 2009, S. 37

sind Webservices auch für die Muster GmbH interessant, da sämtliche Dienste auf unterschiedlichen Gerätemodellen verwendet werden können. Als Beispiel für das Consulting Unternehmen wird nun auf die Softwarelösung der Firma Vertec eingegangen. Diese wurde bereits im 1. Kapitel am Ende kurz erwähnt.

Vertec bietet Standardsoftwarelösungen mit individuellen Komponenten an. Konkret geht es in diesem Beispiel um die Information wie Consulting Firmen durch Webservices als Schnittstelle zu ERP Systemen den administrativen Aufwand senken. Consultingunternehmen bzw. Berater bieten neben ihren Beratungsleistungen auch Workshops oder Seminare für Kunden und Partner an. Die Durchführung eines Events ist für Consulting Unternehmen wie die Muster GmbH oft mit sehr großem Aufwand verbunden. Es werden Einladungen per Post, Mail oder durch Newsletter verschickt und auf ebenso unterschiedliche Weise kommen die Antworten der Kunden per Telefon, Mail oder über die Website. Das Content Service Management (CMS-ist eine Software zur Erstellung und Organisation von Inhalten[29]) kann einen Teil der Verwaltung unterstützen. Sobald es jedoch aufwendiger wird und zum Beispiel auch Rechnungen für die Teilnehmer ausgestellt werden, kann die Verwaltung sehr aufwändig werden. Webservices helfen dem Consulting Unternehmen den administrativen Aufwand zu reduzieren, indem diverse Systeme verbunden werden. So kann zum Beispiel über CMS die Veranstaltung einmal behandelt werden. Die Teilnehmer werden ausschließlich auf die Website gelenkt, um sich ausschließlich dort für die Veranstaltung anzumelden. Dank einer Webserviceschnittstelle werden nicht nur alle Anmeldungen synchronisiert, sondern auch sämtliche Informationen vernetzt. Im Idealfall produziert das System gleich automatisiert alle Rechnungen der Teilnehmer für die Muster GmbH.[30] Wie diese Verbindung des ERP Systems mit der Website aussehen kann zeigt die Abbildung 3:[31]

---

[29] Quelle: https://de.wikipedia.org/wiki/Content-Management-System (abgefragt am 30.5.2019 18:24)
[30] Quelle: https://www.vertec.com/at/blog/webservice-schnittstelle-zum-erp/ (abgefragt am 30.5.2019 18:29)
[31] Quelle https://www.vertec.com/at/blog/webservice-schnittstelle-zum-erp/ (abgefragt am 30.5.2019 18:31)

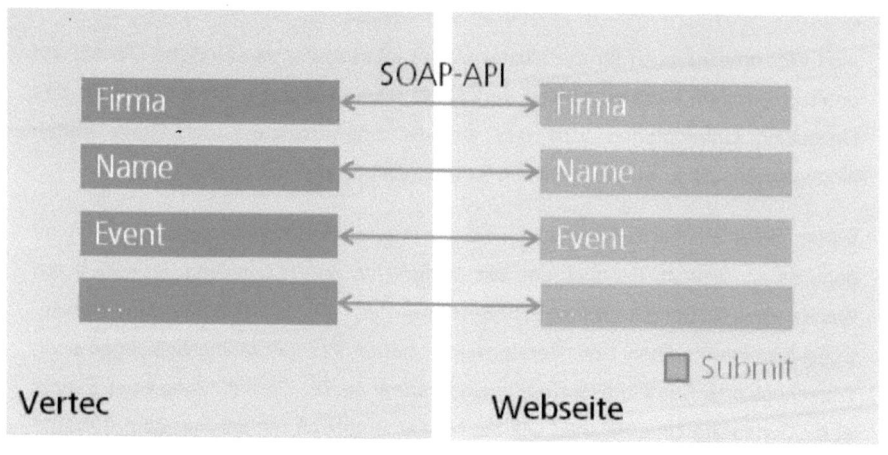

ERP mit CMS verbinden - so kann administrative Arbeit abgebaut werden

Abbildung 3: Verbindung von Systemen mit Webservices[32]

Ein agiler Entwicklungsansatz

Scrum ist ein agiler Ansatz, der als Produktentwicklungsmethode eingesetzt werden kann. Scrum kommt aus dem Rugby Sport und heißt ‚Gedränge' beim Einwurf. Das gesamte Team drückt in dieser Situation in eine Richtung. Auf die Organisation in einem Consulting Unternehmen kann das bedeuten, dass sämtliche Teammitglieder aus den unterschiedlichen Abteilungen, gemeinsam in bestimmten Zeitintervallen zusammenarbeiten und Produktteile mitentwickeln. Bereits nach kurzer Zeit kann ein erstes Produkt entstehen. Durch rasches Einholen von Feedback kann mit der nächsten Entwicklungsphase begonnen werden.[33] Die Entwicklungsphasen nennt man **Sprints**. Welche Rollen gibt es bei Scrum? Der **Product Owner** ist verantwortlich für die Anforderungen des Produkts bzw. der Dienstleistung des Projekts. Er priorisiert die Verantwortungen und nimmt deren Umsetzung nach jedem Sprint ab. Der **Scrum Master** hat die Verantwortung dafür, dass das Team operativ und produktiv für den Projektablauf arbeiten kann. Das **Entwicklungsteam** organisiert sich selbstständig

---

[32] Quelle: https://www.vertec.com/at/blog/webservice-schnittstelle-zum-erp/ (abgefragt am 30.5.2019 18:31)
[33] Quelle: https://www.borisgloger.com/agile/scrum/ (abgefragt am 30.5.2019 18:43)

und ist verantwortlich für die Ziele eines Sprints. Welche Entwicklungsphasen gibt es im Scrum-Prozess? Im **Sprint Planning** werden die Anforderungen bestimmt, die im Sprint umgesetzt werden. Es erfolgt eine detaillierte Planung. Im **Daily Scrum** wird, wie der Name schon sagt, täglich der aktuelle Status des Sprints besprochen. Dabei stellt sich das Team folgende Fragen:

- Was habe ich gestern getan?
- Was tue ich heute?
- Was hindert mich?

Im **Sprint Review** geht es um die Vorstellung des potentiellen Produkts und um das Feedback der Kunden, um das Produkt im nächsten Sprint weiter zu verbessern. In der **Sprint Retrospektive** wird die Arbeitsweise reflektiert. Es werden Maßnahmen getroffen, um die Arbeit im nächsten Sprint effektiver zu machen. Wichtig ist neben der soeben erwähnten Schritte auch noch das **Produkt Backlog**. Es handelt sich dabei um eine Liste an Kundenanforderungen, die priorisiert werden. Das **Sprint Backlog** beinhaltet Projektaktivitäten, die durchgeführt werden müssen, um die Kundenanforderungen des Sprints umzusetzen.[34] Die nächste Abbildung zeigt den Projektablauf von Scrum grafisch (Vgl. dazu siehe Abbildung 4):

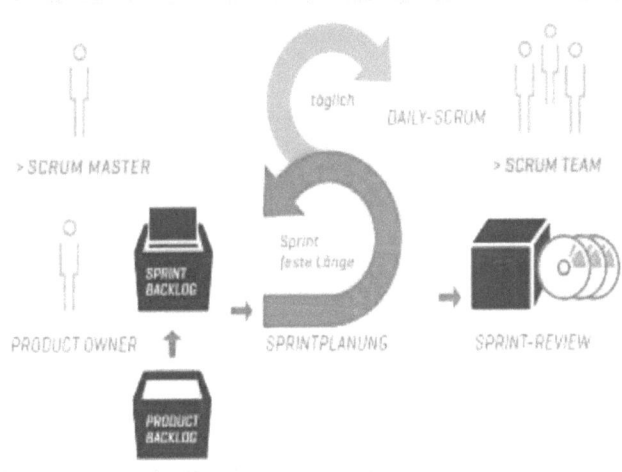

Abbildung 4: Projektablauf Scrum[35]

---

[34] Quelle https://www.wibas.com/de/scrum/ (abgefragt am 30.5.2019 19:04)
[35] Quelle: https://jaxenter.de/wp-content/uploads/2016/07/Scrum-2.png (abgefragt am 30.5.2019 19:20)

11

Das Oberflächenkonzept

Das Oberflächenkonzept bezieht sich auf die Benutzeroberfläche. Ganz allgemein erwähnt, beschreibt die Benutzeroberfläche die Art und Weise, mit der ein Anwender mit einer Maschine in Kontakt tritt. Mithilfe der Benutzeroberfläche kann der Anwender mit einem Programm kommunizieren. Ziel der Oberfläche, die auch User Interface (UI) genannt wird, ist es die Arbeit des Menschen mit der Maschine zu erleichtern. Es gibt verschiedene Arten von Benutzeroberflächen. Bei einer Computer-Software wird von einer grafischen Benutzeroberfläche gesprochen. Mithilfe der Maus und der Tastatur kann der Anwender direkt Befehle eingeben und so das gewünschte Programm steuern. Eine weitere Möglichkeit der User Interface stellt die Text User Interface dar. Dabei werden Daten mit Eingabe von Texten eingegeben. Außerdem gibt es heutzutage bereits die sogenannte Voice User Interface. Damit kann der Anwender durch Sprachbefehle Programme lenken.[36] Beispiele für Sprachassistenten sind Siri von Apple oder Cortana in Windows.[37] Für das Consulting Unternehmen Muster GmbH kann zum Beispiel die Entwicklung einer neue Benutzeroberfläche der Website interessant sein. Welche Herangehensweise kann hier verwendet werden? Wireframes unterstützen beim konzeptionellen Entwurf einer neuen Website. Dabei werden nur die notwendigsten Elemente der Seite erstellt. Wireframes verwenden keine Farben, Bilder oder Grafiken. Bei dieser Darstellung geht es für das Consutling Unternehmen vorrangig um die Konzeption und nicht um das Design. Es gibt zwei Arten von Wireframes: Bei **Statischen Wireframes** geht es nur um die Darstellung einer einzelnen Webseite. Das Layout soll konzeptionell dargestellt werden. **Dynamische Wireframes** bestehen aus mehreren Seiten, die interaktiv miteinander verknüpft sind. Es kann von einer Seite zur nächsten navigiert werden. Wireframes helfen dabei die grundlegende Strukturierung einer Internetseite zu entwickeln. Die Seite stellt unterschiedliche Bereich dar, denen verschiedene Inhalte zugeordnet werden können. Beispielsweise kann das Consulting Unternehmen festlegen wo das Logo auf der Website aufscheinen soll. Noch einmal erwähnt, werden keinerlei Farben bei der Erstellung von Wireframes verwendet.

---

[36] Quelle: https://www.gruenderszene.de/lexikon/begriffe/user-interface?interstitial (abgefragt am 30.5.2019 19:25)

[37] Quelle: https://www.arithnea.de/blog/voice-user-interfaces-vui/ (abgefragt am 30.5.2019 20:00)

Lediglich unterschiedliche Graustufen sind bei der grafischen Darstellung sichtbar. Mithilfe von Wireframes kann sich das Consulting Unternehmen ein rasches und gutes Bild über seinen Internetauftritt machen und gegebenenfalls Änderungen zeitnah vornehmen. Die nächste Abbildung zeigt ein Beispiel für ein Wireframe (Vgl. dazu Abbildung 5):[38]

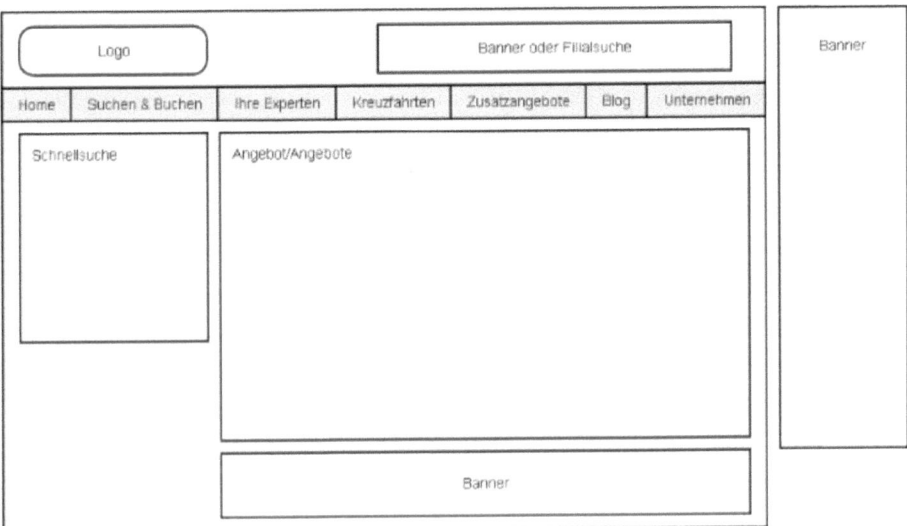

Abbildung 5: Beispiel für ein Wireframe[39]

Für die Muster GmbH ist es auch noch von Bedeutung, dass die Benutzeroberfläche der Website auf unterschiedlichen Geräten kompatibel ist. Die Darstellung sollte am Mobiltelefon genauso anwenderfreundlich sein, wie auf dem Computer.[40]

---

[38] Quelle: https://www.webschmoeker.de/grundlagen/wireframe/ (abgefragt am 30.5.2019 20:17)
[39] Quelle: https://www.webschmoeker.de/grundlagen/wireframe/ (abgefragt am 30.5.2019 20:19)
[40] Quelle: https://www.dermatz.de/kurzvorstellung-website-wireframes-mit-adobe-xd/ (abgefragt am 30.5.2019 20:23)

Die Entwicklung einer App

Während native Apps speziell für ein Betriebssystem entwickelt werden, handelt es sich bei hybriden Apps um Applikationen, die auf mehreren Plattformen verwendet werden. Genau gesagt, sind hybride Apps wie eine Website zu sehen. Die hybride App wird in einem Vollbild-Browser geöffnet. Für den Nutzer macht dies keinen Unterschied im Vergleich zur Verwendung einer nativen App. Um eine hybride App zu Programmieren benötigt es nur eine Codebasis. Diese basiert auf folgenden Web-Technologien: JavaSkript, HTML5 und CSS3. Über sogenannte Frameworks wie Ionic gibt es, die Möglichkeit Plugins zu verwenden, die zum Beispiel die Kamera eines Geräts oder auch integrierte Programm wie den Kalender ansteuern.[41] Ionic ist ein Open-Source-Webframework zur Erstellung von Hybriden Apps.[42] Unter Webframework ist eine Software gemeint, die dynamische Webseiten entwickeln kann.[43] Zusammenfassend kann gesagt werden, dass hybride Apps mithilfe eines Frameworks sowohl zu einer Android App als auch zu einer IOS App gemacht werden kann. Theoretisch sind zahlreiche weitere Plattformen möglich. Außerdem kann eine hybride App in die jeweiligen App Stores gestellt werden. Der Programmierer braucht nur eine einzige App programmieren und kann diese auf unterschiedlichen Betriebssystemen anbieten.[44]

---

[41] Quelle: https://www.flyacts.com/status-quo-hybride-app-entwicklung (abgefragt am 30.5.2019 20:44)
[42] Quelle: https://de.wikipedia.org/wiki/Ionic_(Framework) (abgefragt am 30.5. 20:48)
[43] Quelle: https://de.wikipedia.org/wiki/Webframework (abgefragt am 30.5.2019 20:49)
[44] Quelle https://kelut.at/hybrid-app-die-technologie-der-zukunft/ (abgefragt am 30.5.2019 20:54)

Literaturverzeichnis

Abts, D.; **Mülder,** W. (2009). *Grundkurs Wirtschaftsinformatik. Eine kompakte und praxisorientierte Einführung.* (6. Überarbeitete und erweiterte Auflage 2009). Wiesbaden: GWV Fachverlage GmbH

Finger, P.; **Zeppenfeld,** K. (2009). *SOA und Webservices.* Berlin Heidelberg: Springer-Verlag

Gadatsch, A. (2010). *Grundkurs Geschäftsprozess-Management. Methoden und Werkzeuge für die IT-Praxis: Eine Einführung für Studenten und Praktiker.* (6. Aktualisierte Auflage 2010). Wiesbaden: GWV Fachverlage GmbH

Onlinequellen

https://www.mocoapp.com/blog/332-standardsoftware-oder-individualsoftware (abgefragt am 30.5.2019 10:33)

https://de.thefreedictionary.com/Software (abgefragt am 30.5.2019 10:11)

https://www.juraforum.de/lexikon/standardsoftware (abgefragt am 30.5.2019 10:20)

http://www.wirtschaftslexikon24.com/d/standardsoftware/standardsoftware.htm (abgefragt am 30.5.2019 10:23)

https://www.softguide.de/software-tipps/unterstuetzte-standardsoftware-anwendungssoftware (abgefragt am 30.5.2019

https://wirtschaftslexikon.gabler.de/definition/individualsoftware-35886 (abgefragt am 30.5.2019 10:38

https://blog.hilker-consulting.de/wie-die-digitalisierung-das-consulting-verändert (abgefragt am 30.5.2019 13:32)

https://www.scopevisio.com/blog/erp/software-fuer-unternehmensberater/#gref (abgefragt am 30.5.2019 13:47)

https://www.it-zoom.de/it-mittelstand/e/standard-oder-individualsoftware-beim-erp-system-15364/ (abgefragt am 30.5.2019 14:04)

https://www.dsb.gv.at/gesetze-in-osterreich (abgefragt am 30.5.2019 14:14)

https://www.vertec.com/at/branchen/consulting-software/ (abgefragt am 30.5.2019 14:52)

https://www.datenschutzbeauftragter-info.de/die-cloud-saas-paas-und-iaas-einfach-erklaert/ (abgefragt am 30.5.2019 15:32)

https://blog.unbelievable-machine.com/cloud-computing-unterschiede-public-private-hybrid (abgefragt am 30.5.2019 15:43)

https://www.gruenderszene.de/lexikon/begriffe/cloud-computing?interstitial (abgefragt am 30.5.2019 16:00)

15

https://medium.com/@Albihany/true-cloud-story-about-iaas-paas-saas-47cfea883271 (abgefragt am 30.5.2019 16:45)

https://medium.com/@Albihany/true-cloud-story-about-iaas-paas-saas-47cfea883271 (abgefragt am 30.5.2019 16:46)

https://www.datenschutzbeauftragter-info.de/die-cloud-saas-paas-und-iaas-einfach-erklaert/ (abgefragt am 30.5.2019 16:08)

https://www.gruenderszene.de/lexikon/begriffe/platform-as-a-service-saas?interstitial (abgefragt am 30.5.2019 16:12

https://www.datenschutzbeauftragter-info.de/die-cloud-saas-paas-und-iaas-einfach-erklaert/(abgefragt am 30.5.2019 16:22)

https://www.yuhiro.de/was-sind-webservices/ (abgefragt am 30.5.2019 18:06)

https://de.wikipedia.org/wiki/Content-Management-System (abgefragt am 30.5.2019 18:24)

https://www.vertec.com/at/blog/webservice-schnittstelle-zum-erp/ (abgefragt am 30.5.2019 18:29)

https://www.vertec.com/at/blog/webservice-schnittstelle-zum-erp/ (abgefragt am 30.5.2019 18:31)

https://www.vertec.com/at/blog/webservice-schnittstelle-zum-erp/ (abgefragt am 30.5.2019 18:31)

https://www.borisgloger.com/agile/scrum/ (abgefragt am 30.5.2019 18:43)

https://www.wibas.com/de/scrum/ (abgefragt am 30.5.2019 19:04)

https://jaxenter.de/wp-content/uploads/2016/07/Scrum-2.png (abgefragt am 30.5.2019 19:20)

https://www.gruenderszene.de/lexikon/begriffe/user-interface?interstitial (abgefragt am 30.5.2019 19:25)

https://www.arithnea.de/blog/voice-user-interfaces-vui/ (abgefragt am 30.5.2019 20:00)

https://www.webschmoeker.de/grundlagen/wireframe/ (abgefragt am 30.5.2019 20:17)

https://www.webschmoeker.de/grundlagen/wireframe/ (abgefragt am 30.5.2019 20:19)

https://www.dermatz.de/kurzvorstellung-website-wireframes-mit-adobe-xd/ (abgefragt am 30.5.2019 20:23)

https://www.flyacts.com/status-quo-hybride-app-entwicklung (abgefragt am 30.5.2019 20:44)

https://de.wikipedia.org/wiki/Ionic_(Framework) (abgefragt am 30.5. 20:48)

https://de.wikipedia.org/wiki/Webframework (abgefragt am 30.5.2019 20:49)

https://kelut.at/hybrid-app-die-technologie-der-zukunft/ (abgefragt am 30.5.2019 20:54)

Abbildungsverzeichnis

BEI GRIN MACHT SICH IHR WISSEN BEZAHLT

- Wir veröffentlichen Ihre Hausarbeit,
  Bachelor- und Masterarbeit

- Ihr eigenes eBook und Buch -
  weltweit in allen wichtigen Shops

- Verdienen Sie an jedem Verkauf

Jetzt bei www.GRIN.com hochladen
und kostenlos publizieren